_____ 님께

행복과 평화가 항상 함께 하시기를 기원하면서

_____ 드림

나를 찾는 지혜

풍경소리 ②

글 • 풍경소리 | 전각화 • 고암 정병례

발간사

"성 안내는 그 얼굴이 참다운 공양구요,
부드러운 말 한마디 미묘한 향이로다.
깨끗해 티가 없는 진실한 그 마음이
언제나 한결 같은 부처님 마음일세."

부처님 마음을 닮은 세상이 되었으면 하며 삽니다. 봄, 여름, 가을, 겨울이 오며 가며 하는 속에 다시 부처님 마음을 새길 일이 무에 있을까 하지만 아직 부처님 마음을 오롯이 닮지 못한 나를 봅니다.

일상에 매여 살아가는 현대인의 삶에 한줄기 맑은 바람과 소리가 되고자 하는 바람을 이어가고 있습니다.
지금도 많은 사람들이 지하철에서 풍경소리 게시판 앞에 머물러 있는 모습에 보람과 희망을 챙깁니다.

어언 풍경소리 2권의 개정증보판을 내게 되었습니다. 풍경소리 2권이 출간된 지 5년이나 되었으니 책도 옷 갈아 입을 시간이 되었습니다.

그 동안 수고하신 많은 분들의 마음을 돌아봅니다. 믿음과 정성 그리고 희망과 비움을 봅니다. 이번에 새로 발행되는 풍경소리 둘에도 그 마음이 다 녹아있음을 우리 모두는 알고 있습니다.

절 마당에 바람이 지나갑니다. 한줄기 바람 속에 온전히 들어 있을 우주를 생각하면서 글과 책으로 만나는 인연의 무게를 가늠해 봅니다. 모두 함께 가는 희망을 봅니다.

기축년 유월 삼각산 도선사에서 선묵 혜자

개정판을 내며

나를 돌아보는 거울로

지하철 게시판에 풍경소리가 달린 것도 어언 십여 년이 되어 갑니다. 세상에 맑은 법음을 전하고 때로는 풀꽃 같은 작은 위안이 되고자 애써 왔는데, 여러분에게 얼마나 다가갔는지 돌아보게 됩니다.

이마에 스치는 청량한 바람은 무더위가 아니고서는 그 존재가 빛나지 않습니다. 마음속으로 다가가는 풍경소리 또한 고즈넉한 시간대에 들을 준비가 되어있지 않은 사람에게는 소용이 덜할 것으로 생각됩니다.

사람들은 저마다 바쁘게 오가는데 왠지 서성이게 되는 발걸음. 마음의 빈 공간 속으로 그때에 눈에 들어차는 글귀 하나가 여러분의 마음을 환하게 해 줄 수 있다면, 지친 사람에게 생의 감각을 흔들어 일깨울 수 있다면 하고 편집실의 작가들은 고심에 고심을 거듭하여 왔습니다.

설교하지 않고, 설명하지 않는 언어.
잠언처럼 함축되고 산뜻한 언어.
급체를 뚫는 바늘처럼 둔탁하지 않게 찔러 정신 나게 하는 언어를 지향하면서 그동안 《풍경소리》 1·2권외에 1권 증보판을 내고 이제 다시 2권 증보판을 내게 되었습니다.

본연의 나로 돌아오고 싶을 때, 무언의 격려가 담긴 미소가 필요할 때, 그리하여 초심에서 멀어진 나를 걷어잡고 다시 일어서고 싶을 때, 내가 나를 돌아보는 거울로 거기 있기를 기대해 봅니다. 삶이 고달픈 시민들에게 쉬어가는 영혼의 쉼터가 되기를 희망하면서 그동안 《풍경소리》를 아껴준 독자 여러분에게 진심으로 고마운 말씀을 전합니다.

2009년 여름에 맹난자 합장

차례

발간사 4

개정판을 내며 6

1장 무엇을 찾느냐?

마음의 눈으로 바라보기만 한다면 13 | 유한, 무한 14
무엇이 된다는 것 16 | 극락이 있습니까 19 | 위험합니다 20
시인과 고승 22 | 작은 솔씨가 푸른 소나무 되네 23
선사와 말재간꾼 24 | 달 하나, 배 세 척 27
아무것도 감추고 있지 않네 29 | 낙엽 31 | 순간을 산다 32
눈을 감으면 보여요 35 | 오늘 36 | 이미 갖추고 있기에 37
공존 38 | 무엇을 찾느냐? 41

2장 향기 맑은 사람

무엇이 사람을 천하게 만드는가 45 | 호박 넝쿨 46 | 주문 49
우산은 50 | 행복 51 | 초승달과 보름달 52
세상을 맑게하는 마음 54 | 나만이라도 57
나는 그를 버릴 수 없다 58 | 자신보다 사랑스러운 사람은 없다 60
행복이 자리하는 곳은 61 | 세상은 거대한 거울입니다 63
가진 것이 없어도 나눌 수 있다 64 | 물건에 대한 대접 67
즐거움을 원한다면 68 | 향기 맑은 사람 71 | 평화 73

3장 마음먹기

부자되는 법 77 | 마음이 만들어 내는 것 78 | 마음을 바꾸면 80

마음먹기 83 | 여기에 의지할 뿐이다 84 | 마음에 두지 말라 86
부처와 중생 87 | 분침과 시침 89 | 만족할 줄 아는 사람 90
날마다 좋은 날 91 | 할머니의 눈물 92 | 정중히 맞이하는 까닭 95
그림자놀이 96

4장 안으로 깊어지는 것들

네 명의 아내 101 | 못된 성질 102 | 깨어있는 시간 105
안으로 깊어지는 것들 106 | 변치 않는 도 109
머리에 붙은 불을 끄듯 110 | 이익과 도 113 | 가르침 114
모자라는 것은 소리를 내지만 115 | 국자는 국 맛을 모른다 117
바쁘게 할 일 118 | 왜 선정에 드시나요 121
일연스님의 말씀 122 | 회초리를 기억하시나요 125
나는 다만 길을 가르쳐 줄 뿐이다 126 | 내부의 적을 제거하라 129

5장 강을 건너는 그대에게

사람의 마음 133 | 강을 건너는 그대에게 134 | 배경 137
일을 하는 법 138 | 통자 인생 141 | 그대에게 142 | 다 힘든 일 143
누가 그 음식을 먹겠느냐 145 | 악담은 되돌아온다 147 | 열심히 하다 보면 149
자기를 비춰보라 150 | 공평 152 | 맑은 날만 계속된다면 155
나를 지키는 것이 곧 남을 지키는 것 156

1
무엇을 찾느냐?

마음의 눈으로 바라보기만 한다면

밤하늘에 혜성들이 벌이는 불꽃놀이만
우주쇼는 아닙니다.
우주 속의 작은 별 지구.
그 지구의 차가운 표피를 뚫고 여린 손을 내미는 새싹
순박한 향기로 피어나는 들꽃
가을바람에 춤추며 떨어지는 낙엽
바람과 구름을 노래하는 새들
흙 한 줌 모래 한 알
그리고 여기 이렇게 살아 숨 쉬며 느끼고 생각하는 우리
이 모든 것이 다 우주쇼입니다.
우리가 미망未忘의 어둠을 밀쳐내고
욕망의 헛된 꿈에서 깨어나
마음의 푸른 눈으로 가만히 바라보기만 한다면.

박경준 | 동국대 교수

유한, 무한

 지금은 봄이다.
움츠렸던 겨울의 생명들이
새 기운을 차린다.
날고 기고 뛰면서 봄을 즐긴다.
그 광경을 보고 있으면
나도 그 속의 한 조각
생명이라는 것을 깨닫는다.
한 포기의 풀이 되고,
한 마리의 새가 되어서,
그들과 더불어 흔들고,
뛰고, 날고 싶은 충동을 느낀다.
그리하여 나를 잃어버린,
전체가 되어서
영원한 생명으로 지내고 싶다.

김시헌 | 수필가

무엇이 된다는 것

종이 그 속을 비운 이유는
멀리까지 소리를 울리기 위함이고
거울이 세상 모습을 평등하게 담을 수 있는 것은
그 겉이 맑기 때문입니다.

강물이 아래로만 흐르는 것은
넓은 바다가 되기 위함이고
바람이 그물에 걸리지 않는 것은
형체가 없기 때문입니다.

혜자 스님 | 도선사 주지 · 풍경소리 대표이사

극락이 있습니까

한 고승에게 어떤 남자가 찾아와서 질문을 했습니다.
"저는 불교 공부를 열심히 하고 있습니다만,
극락이 있는지에 대해서는 지금까지 아무리
궁리를 해 봐도 해답을 얻지 못했습니다."

고승이 조용히 물었습니다.
"극락이라 했소? 그래 극락에 대해 지금까지
궁리한 결과 당신은 무슨 이익이 있었소?"

남자는 한참 머뭇거리다가 말했습니다.
"그건 생각해 보지 않았습니다."

"그럼 집에 가서 그걸 깊이 생각해 보시게."

김원각 | 시인

위험합니다

당나라 때 시인인 백낙천白樂天이
도림道林선사를 찾아갔습니다.
선사는 나무 위에서 참선을 하고 있었습니다.
백낙천이 선사를 보고 말했습니다.
"스님 위험합니다. 어서 내려오세요."
"내가 보기엔 자네가 더 위험하네."
"평평한 땅 위에 있는 제가 왜 더 위험합니까?"
선사가 말했습니다.
"진리를 모르는 이는 평지에 있어도
절벽에 있는 것과 같고,
진리를 아는 이는 항상 평지에 살지."

송고승전宋高僧傳 中에서

시인과 고승

중국 시인 소동파는 콧대 높고 거만하기로 이름났었습니다.
하루는 어느 고승을 찾아가 자기소개를 했습니다.
"나는 칭稱가요."
칭이란 저울이라는 뜻입니다.
이미 소동파임을 알고 있는 고승은 의아해 하며 물었습니다.
"칭가라니요?"
소동파는 예의 그 거만한 태도로 말했습니다.
"나는 내로라하는 고승들을 달아보는 저울이란 말이오."
그러자 고승은 갑자기 "어흥" 하고 사자울음을 내고는 물었습니다.
"그러면 이 사자울음은 몇 근이오?"
"……"

송고승전宋高僧傳 中에서

작은 솔씨가 푸른 소나무 되네

계란을 자세히 보시게나.
눈, 귀, 코도 없이 둥글둥글하여
아무 지각도 없어 보이는데
따뜻한 곳에 두면 '꼬끼오' 하고 우는
물건이 그 속에서 나온다네.
매 알이 비록 작으나 그 속에서 송골매가 나오고
솔씨가 비록 작으나 낙락장송이 거기에서 나온다네.
알로 있을 때 보면 무정한 물건 같으나
이렇듯 당당하게 박차고 나오는 산 물건이 아니던가.
우리의 마음 법法도 이와 다르지 않다네.

용성 스님

선사와 말재간꾼

K 씨는 말재간이 능했다.
어떤 경우에도 말재간으로 화를 모면하는 재주에 친구들은 탄복했다.
어느 날 K 씨는 친구들과 함께 고승 벽송선사를 찾아갔다.
설법을 듣고 나오면서 친구들에게 선사를 헐뜯었다.
"고승은 무슨 고승이야, 땡추야 땡추…"

한참 뒤따라 나오던 선사가 듣고 물었다.
"자네한테 내가 잘못한 거라도 있는가?"

K 씨가 흠칫 놀란 것도 순간일 뿐, 예의 그 말재간을 구사했다.
"아, 예 저는 벽송이라는 이름에 욕한 것이지
스님에게 한 것은 아닙니다."
이때 선사는 느닷없이 K 씨의 뺨을 후려치고는 물었다.
"이건 벽송이 때린 것인가, 스님이 때린 것인가?"
"?"

김원각 | 시인

달 하나, 배 세 척

휘영청 달 밝은 밤 가을 호수에
작은 배 세 척이 떠 있습니다.

李는 멈춰선 배에 비스듬히 앉아
낚시하며 달을 쳐다봅니다.
金은 배를 저어 동쪽으로,
朴은 남쪽으로 노 저어 가면서
달을 바라봅니다.

그런데 李에게는 달이 멈춰 있는 것으로 보입니다.
金은 자신을 따라 동쪽으로 움직이는 달을 보며,
朴은 남쪽으로 이동하는 달을 봅니다.

달은 분명 하나인데 말입니다.

박경준 | 동국대 교수

아무것도 감추고 있지 않네

송나라의 황산곡 시인은 참선을 마친 뒤
옆에 계신 조심祖心 선사에게 물었습니다.
"논어에 보면 나는 너희에게
아무것도 감추고 있지 않다고 했는데
그 말씀이 바로 선禪과 같지요?"
"잘 모르겠는데요. 우리 산책이나 할까요?"
두 사람은 물푸레꽃이 활짝 피어있는 산길을 따라
걷고 있었습니다.
"향기가 어떻습니까? 좋지요?"
선사가 물었습니다.
"예, 좋군요."
"거보시오. 아무것도 감추고 있지 않지요?"

맹난자 | 수필가

낙엽

낙엽은 미래에의 동경도 없고
슬픔과 희열에 넘치는 감정도 없다.
그러나 세상을 터득한 철학이 있고
애련을 놓아버린 평화가 있다.
이제 어디에 떨어진다 해도 불만이 없다.
바람이 불어오는 데로 따라가면 된다.
돌담 밑 그늘진 곳도 좋고
양지 볕 따스한 곳도 좋다.
어디인들 쉴 곳이 아니랴?
하늘하늘 춤추듯이 내려오는 낙엽에는
그냥 자연이 있을 뿐이다.

김시헌 | 수필가

순간을 산다

부처님이 제자들에게 물었습니다.
"사람의 목숨은 얼마 동안에 있느냐?"
한 제자가 대답했습니다.
"며칠 사이에 있습니다."
"자네는 아직 도를 모른다."
다른 제자가 대답했습니다.
"밥 먹는 사이에 있습니다."
"자네는 아직 도를 모른다."
또 다른 제자가 대답했습니다.
"숨 쉬는 사이에 있습니다."
"자네는 도를 아는구나."

사십이장경 중에서

눈을 감으면 보여요

화담 서경덕 선생이 길에서 울고 있는 젊은이에게 물었습니다.
"그대는 왜 우는가?"
"저는 다섯 살에 눈이 멀어 이제 스무 해나 되었습니다.
아침에 집을 나와 길을 가는데 갑자기 세상이 밝게 보이는지라
한없이 기뻤습니다만
어찌된 일인지 제 집을 그만 찾지 못하고 있습니다.
골목도 헷갈리고 대문은 서로 같아
도저히 집을 찾을 수 없으므로 그래서 웁니다."
"그렇다면 도로 네 눈을 감아 보아라. 집을 찾을 수 있으리라."
젊은이는 과연 눈을 감고서야 집에 다다를 수 있었습니다.

분별分別 이전以前으로 돌아가야
사물의 본 모습을 오롯이 볼 수 있습니다.
그 젊은이처럼…

맹난자 | 수필가

오늘

오늘도 신비의 샘인 하루를 맞는다.
이 하루는 저 강물의 한 방울이
어느 산골짝 옹달샘에 이어져 있고
아득한 푸른 바다에 이어져 있듯
과거와 미래와 현재가 하나다.
이렇듯 나의 오늘은 영원 속에 이어져
바로 시방 나는 그 영원을 살고 있다.
그래서 나는 죽고 나서부터가 아니라
오늘로부터 영원을 살아야 하고
영원에 합당한 삶을 살아야 한다.
마음이 가난한 삶을 살아야 한다.
마음을 비운 삶을 살아야 한다.

구 상 | 시인

이미 갖추고 있기에

새의 노래 소리는
이미 새의 몸 안에서 노래 불렀고

사과나무는 꽃을 피우기 전에
이미 사과를 품고 있었고

연꽃은 물에서 나오기 이전에
이미 연꽃으로 있었듯이

우리가 찾고 있는 것도 이미
자기 안에 갖추어져 있지 않을까요?

문윤정 | 수필가

공존

세상일에는 늘 한 가지 문제에 여러 대답이 생깁니다.
물 한 가지를 두고도
사람은 물로 보지만,
물고기들은 자기 집으로 보고,
천상 세계에서는 유리로 보고,
아귀는 불로 본다고 합니다.
놓인 상황에 따라 한 가지 사물도
서로 다르게 평가됩니다.
세계는 다른 모습으로
서로 다른 견해로 어울려 있습니다.
부조화 속의 조화가 아름답습니다.

황다연 | 시인

무엇을 찾느냐

어느 산속 조그마한 절에 노스님이 꼬마스님과
단 둘이서 살고 있었습니다.
하루는 노스님께서 물을 길어오라고 했습니다.
꼬마스님이 노래를 부르며 물을 담으려는데,
우물에 달이 둥둥 떠 있는 것을 보았습니다.
'그래! 저 달을 길어 가면 스님께서 좋아하실 거야.'
꼬마스님은 우물에 떠있는 달을 조심조심 담았습니다.
"왜 이리 늦었느냐?"
"달을 길어 오느라고요."
꼬마스님은 의기양양한 표정으로 물병을 따랐습니다.
"어? 이상하네. 스님, 왜 달이 안 나오죠?"
꼬마스님이 자꾸만 물병을 기울이고 들여다보는데도
노스님은 그저 말없이
웃기만 합니다.

임준성 | 한양대 강사

2 향기 맑은 사람

무엇이 사람을 천하게 만드는가

불타 석가모니는 〈숫타니파타〉에서
'천한 사람'에 대하여 이와 같이 말한다.

"얼마 안 되는 물건을 탐내어 사람을 죽이고
그 물건을 약탈하는 사람,
증인으로 불려 나갔을 때 자신의 이익이나 남을 위해서
거짓으로 증언하는 사람,
가진 재산이 넉넉하면서도 늙고 병든 부모를 섬기지 않는 사람,
남의 집에 갔을 때는 융숭한 대접을 받았으면서
그 쪽에서 손님으로 왔을 때
예의로써 보답하지 않는 사람,
사실은 성자(깨달은 사람)도 아니면서 성자라고 자칭하는 사람,
그런 사람들은 전 우주의 도둑이다.
그런 사람들이야말로 가장 천한 사람이다.

날 때부터 천한 사람이 되는 것은 아니다.
태어나면서부터 귀한 사람이 되는 것도 아니다.
오로지 그 행위에 의해서 천한 사람도 되고 귀한 사람도 되는 것이다."

법정 스님 | 길상사 회주

호박 넝쿨

담 위에 가을볕이 환하다.
누런 호박 두 덩이가 묵직하게 매달려 있다.
의젓하다.
"저 놈들을 저리 기르느라
호박 넝쿨은 얼마나 힘들었을까?"
호박 넝쿨은 가늘지만 억세다.
소 팔고 논 팔아 자식을 대학 공부시키던
시골 농부의 손처럼 억세다.
맺힌 호박 알이 중간에 시들까 봐
애는 또 얼마나 태웠을까?
억센 손, 새카맣게 탄 속.

의젓한 호박들이여,
오늘 퇴근 때는 부모님 자실 술 한 병,
고기 한 근 사 가지고 들어가게나.
모시고 사는 것 괴롭게 생각지 말게.
사 가지고 들어가 봐야 소용없는 사람도 있다네.
지나간 후면 애달프다 어이하리.

정진권 | 한국체대 명예교수

주문

무슨 소리든 만 번을 반복하면
그것이 진언眞言이 되어
그렇게 된다고 합니다.
당신은 지금 무슨 말을 반복하고 계십니까?
"미치겠어."
"미워 죽겠어."
"지긋지긋해."
아무 생각 없이 반복하는 그 소리들이
당신의 인생을 정말 그렇게 만들어 가고
있는 것은 아닌지요.

맑고 향기로운 언어를 반복합시다.
그것이 곧 주문이 되어
당신의 인생을 그렇게 만들어 갈 것입니다.

장용철 | 시인

우산은

아주 멋진 우산을 가진 사람이 있었는데,
외출할 때마다 잊지 않고 우산을 챙겼다.
그러나 비가 내려도 우산을 펼 수가 없었다.
그 멋진 우산이 비에 젖는 걸 보느니
차라리 자기가 비에 젖는 게 나았다.
그날도 비를 맞으며 우산을 품고 걷자니
아이 하나가 달려와 함께 쓰고 가자고 청했다.
절레절레 고개를 흔드는 사람한테 아이가 말했다.
"우산은 활짝 펴 들고 비를 가리라고 있는 거예요."

이상희 | 시인

행 복

지위가 높고 돈 많은 것이 곧 행복이라고 믿기 쉽습니다.
그러나 어느 나라의 대통령 부부는 그 높은 지위와
'3천 켤레의 구두'로 대표되는 호사의 극치에도 불구하고
비참한 말로를 맞이하고 말았습니다.

행복이란 돈으로 살 수 있는 것이 아닙니다.
높은 지위를 이용해서 빼앗을 수도
뇌물로 주고받을 수 있는 것도 아닙니다.
그것은 자비로운 마음속에만 뿌리내리는,
그리하여 누구나 스스로 싹 틔워 가꿀 수 있는
꽃씨 같은 것입니다.
지금 여러분 마음속에는 꽃씨가 들어있습니다.
꽃이 있습니다.
행복이 있습니다.

강호형 | 수필가

초승달과 보름달

어느 날 스승에게 제자가 물었습니다.
"스승님, 착하게 사는 것과 그렇지 않은 것은 어떻게 다릅니까?"
"비유하자면 착하게 사는 사람은 초승달과 같고,
그렇지 않은 사람은 보름이 지난 달과 같으니라."
"무슨 뜻인지 자세히 설명해 주십시오."

"보름이 지난 달은 차차 줄어들어
마침내 모든 광명이 사라질 것이다.
그러나 초승달은 날마다 광명이 더해져서
마침내 온 세상을 밝게 비추게 되기 때문이다."

잡아함경雜阿含經 중에서

세상을 맑게 하는 마음

한 장의 나뭇잎이 흔들리는 것은
우주가 흔들리는 것과 같습니다.
나뭇잎은 가지를 의지하고 있으며
가지는 뿌리를 의지하고 있습니다.
뿌리는 대지를 의지하고 있으며
뿌리는 하늘과 땅을 순환하여
땅속을 흐르는 물을 흡수합니다.

한 사람의 깨끗한 마음은
징검다리처럼
이 모든 것을 건너고 건너서
세상을 맑게 합니다.

문윤정 | 수필가

나만이라도

"작은 먼지 티끌이 온 우주를 머금었고,
찰나가 곧 영겁이다."
의상 스님의 말씀입니다.
"한 알의 모래 속에서 세계를 보고,
한 송이 들꽃 속에서 천국을 본다.
손바닥 안에 무한을 거머쥐고,
순간 속에서 영원을 붙잡는다."
어느 시인의 노래입니다.
이 말씀들은 우리 모두가 제각기
하나의 소우주임을 일깨워 줍니다.
그런데도 우리는 자신의 모습을 잊고
스스로를 가벼이 여겨 '나 하나쯤이야' 하면서
함부로 행동하기 일쑤입니다.
이제는 '나 하나쯤이야' 하는 생각을
'나만이라도' 하는 생각으로 바꿔가야 할 일입니다.

박경준 | 동국대 교수

나는 그를 버릴 수 없다

어느 고승 문하에 백여 명의 제자가 있었습니다.
어느 날 한 문하생이 동료의 물건을 훔치는 사건이 생겼습니다.
동료들이 그를 쫓아내자고 했으나 고승은 거절했습니다.
얼마 후, 도난 사건이 또 생기자 문하생이 들고 일어나
그를 내쫓지 않으면 자기들이 나가겠다고 항의했습니다.
고승은 전 문하생을 불러놓고 단호히 말했습니다.
"그래, 너희들은 현명하다.
옳고 그른 것을 분별할 능력은 하늘이 내린 복이다.
너희들은 어디를 가더라도 잘못됨이 없을 것이다.
하지만 옳고 그름을 분별하지 못하는 이 녀석을
내가 가르치지 않고 쫓아낸다면 어디서 무엇을 배워 구제 받겠느냐?
너희들 모두가 이 절을 떠난다 해도 나는 이 녀석을 포기할 수 없다."

김원각 | 시인

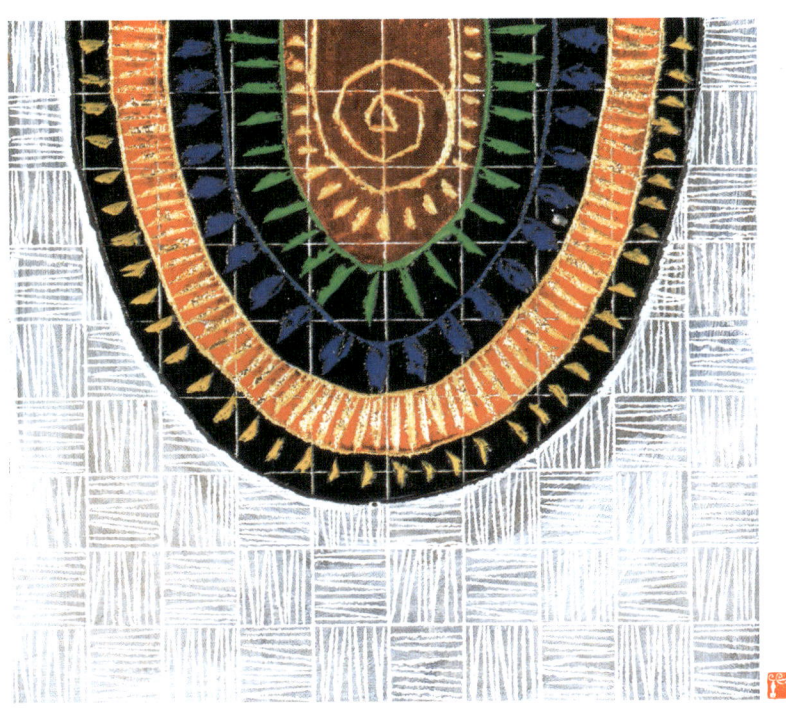

자신보다 사랑스러운 사람은 없다

어느 날 부처님은 연인의 방문을 받은 자리에서
그들에게 물었습니다.
"그대들은 이 세상에서 누구를 가장 사랑하느냐?"
그러자 남자는 여자를, 여자는 남자를 가리키며
제일 사랑한다고 대답했습니다.
부처님은 잠시 후 침묵을 깨고 말했습니다.
"아니다. 이 세상 어디를 가도
자신보다 소중하고 사랑스러운 사람은 없다.
모든 사람 역시 마찬가지다.
자신을 사랑할 줄 모르고 남을 사랑한다는 것은
위선에 지나지 않느니라."

김원각 | 시인

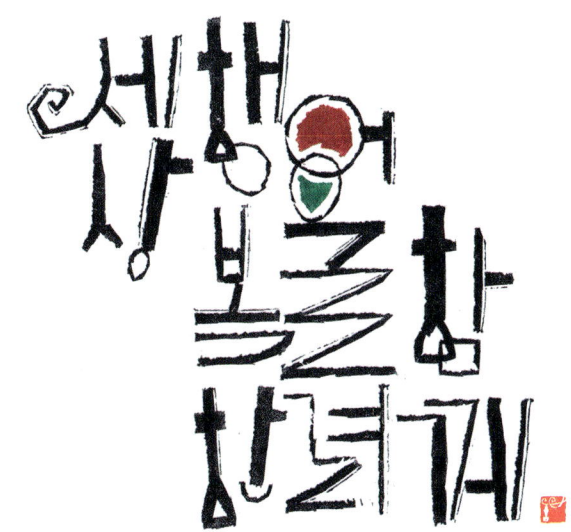

행복이 자리하는 곳은

행복한 삶이란 나 이외의 것들에게
따스한 눈길을 보내는 것입니다.
시든 한 송이 꽃에도 눈길을 보낼 수 있을 때
걸인의 차가운 손을 외면하지 않을 때
자신이 잃어버린 것이 무엇인지 깨달을 때
비로소 행복은 시작됩니다.
작은 행복이 우리의 삶을 아름답게 만듭니다.

이용범 | 소설가

세상은 거대한 거울입니다

잠깐만 자비에 대해 명상해 보십시오.
"나 자신이 편안하고 행복하기를…"이라고
마음속으로 되뇌어 보십시오.
그리고 천천히 그 마음을
이 세상의 모든 존재에게로 넓혀갑니다.
"이 세상의 모든 생명들이 나처럼 편안하고 행복하기를"
이렇게 속삭이면서 세상에 자비가
가득 찬 광경을 그려 봅니다.

이 세상은 거대한 거울입니다.
당신이 환한 웃음을 띠고 거울을 바라보면
거울도 당신의 환한 미소를 되돌려 줍니다.

최정희 | 불교언론인 - 아쉰 티틸라 스님 말씀 중에서

가진 것이 없어도 나눌 수 있다

어떤 사람이 석가모니 부처님을 찾아가 여쭈었습니다.
"저는 하는 일마다 제대로 되는 일이 없습니다.
무슨 이유입니까?"
"그것은 네가 남에게 베풀지 않았기 때문이니라."
"저는 가진 것이 아무 것도 없습니다."
"가진 것이 아무 것도 없어도 나누어 가질 수가 있다.
부드럽고 편안한 미소와 눈빛으로 사람을 대할 수 있고
공손하고 아름다운 말로 사람을 대할 수 있으며
예의 바르고 친절한 몸가짐으로 사람을 대할 수 있다.
착하고 어진 마음으로 사람을 대할 수 있고
다른 사람에게 자리를 양보할 수도 있고
다른 사람의 무거운 짐을 덜어 줄 수도 있다."

잡보장경 雜寶藏經 중에서

물건에 대한 대접

우전왕의 왕비는 5백 벌의 가사를 아난존자에게 보시했습니다.
왕이 아난존자에게 물었습니다.
"이 많은 옷을 다 어떻게 하시렵니까?"
"여러 스님들께 나눠드릴 생각입니다."
"그러면 스님들이 입던 헌 옷은 어떻게 하시렵니까?"
"스님들의 헌 옷으로는 이불 덮개를 만들겠습니다."
"헌 이불 덮개는 어떻게 하시겠습니까?"
"헌 이불 덮개는 베갯잇을 만드는데 쓰겠습니다."
왕의 질문은 계속 되었지만 존자의 대답은 막힘이 없었습니다.
"헌 베갯잇으로는 방석을 만들고, 헌 방석은 발수건으로,
헌 발수건으로는 걸레를 만들고,
헌 걸레는 잘게 썰어 진흙과 섞어 벽을 바르는데 쓰겠습니다."

물건의 수명도 인간의 수명만큼 소중합니다.
그 수명을 늘려 쓰는 일은 물건에 대한 최소한의 대접일 것입니다.

박경준 | 동국대 교수

즐거움을 원한다면

사람이 비록 악을 행했더라도
그것을 자주 되풀이 하지 말라.
그 가운데에는 기쁨이 없나니,
악이 자꾸 쌓이는 것은 괴로움이다.

사람이 만일 복을 짓거든
그것을 자주 되풀이하라.
그 가운데에는 기쁨이 있나니,
복이 자꾸 쌓이는 것은 즐거움이다.

법구경 중에서

향기 맑은 사람

박식한 사람의 귀는
보석 없이도 빛나고
베푸는 이의 손은
팔찌 없이도 빛나는 법
그대에게서 풍기는 향기는
몸에 바른 전단향 때문이 아니라네.
그대에게는 그대 아닌 사람을
아름답게 바라볼 줄 아는
눈이 있기 때문이라네.

수바시따 | 인도 잠언시집 중에서

평화

인내는 너와 나의 평화를 낳는다.
자신이 노여움의 과실에 의해 더럽혀지지 않으면
자기를 평화롭게 하는 것이요
증오하고 원망하는 마음을 갖지 않는다면
남을 위하는 길이 될 것이다.
이것이 바로 나와 남을 평화롭게 하는 길이다.

섭대승론 중에서

3
마음먹기

부자 되는 법

어느 샐러리맨의 아내가 통장에 돈 모일 새가 없다며 불평하자
남편이 진지하게 물었습니다.
"여보, 그 통장에 한 오억쯤 들어 있어도
쓰지 않으면 없는 거나 마찬가지겠지?"
아내는 순간, '오억'이라는 말에 도취되어 얼른 동의했습니다.
"그야… 그렇겠죠?"
남편이 이번에는 장난꾸러기처럼 물었습니다.
"그렇다면, 지금 그 통장에는 몇 십만 원 밖에 들어 있지 않지만,
한 오억쯤 들어있는데도 안 쓰는 셈 치면
있는 거나 마찬가지겠지?"
아내는 기가 막혔지만 남편의 익살이 밉지 않아
깔깔 웃고 말았습니다.
한바탕 웃고 나니 부자 되기란
마음가짐에 달렸다는 생각이 들었습니다.

강호형 | 수필가

마음이 만들어 내는 것

마음은 때로 작은 상자를 만든다.
의자를 만들고 책상도 만든다.
마음은 또 집을 짓고 정원도 만든다.
작고 큰 마음들이 모이면
보다 큰 우리의 환경을 만들어 낸다.
맑고 깨끗한 너와 내 마음들이 모이면
푸른 산을 만들고, 맑은 강을 만들고,
맑은 하늘을 만든다.
살기 좋은 우리 환경도
청정한 우리의 마음들이 모여 만들어 낸다.

김용복 | 수필가

마음을 바꾸면

병든 시어머니를 모시는 며느리가 있었습니다.
아침마다 방문을 열고 시어머니의 안색을 살핍니다.
오늘도 차도가 없겠구나 생각하니
살아가는 나날이 힘겹게만 느껴집니다.

그런데 어느 날 문득 마음을 바꿔먹기로 했습니다.
모든 것이 두터운 내 업장業障 탓,
그 업장을 소멸할 기회가 주어졌다 생각하니
시어머니를 모시게 된 것이
여간 고맙지가 않았습니다.
마음을 바꾸니 몸도 훨씬 가벼워졌습니다.

강현미 | 시인

마음먹기

어떤 일에 힘든 결정이나
판단을 내려야 할 경우가 있습니다.
'모든 것은 마음먹기에 달렸다.'
어쩌면 가장 쉽고, 누구나 할 수 있는
평범한 말인지도 모릅니다.
그러나 우리가 잠깐 먹는 그 '마음먹기'에 따라
결과는 엄청나게 달라질 수도 있습니다.
그렇습니다.
지키기도 힘들지만 억제하기 또한 힘든 것이
'마음' 입니다.
'마음을 먹는다' 는 것,
곧 자기 스스로를 잘 다스릴 줄 안다는 말일 것입니다.

김영희 | 시인

여기에 의지依支할 뿐이다

옛날 전염병이 든 사람이 있었는데
살이 썩어 문드러져 심한 악취가 나,
그 냄새를 맡은 사람은 코를 싸 쥘 정도였습니다.
성품이 인자한 스님이 있어 그를 위해 필요한 것들을 갖다 주면서
항상 보통 사람 대하는 것과 전혀 다르지 않았습니다.
때때로 같은 그릇에 음식을 먹고
옷을 기워주고 빨래도 해 주었습니다.
많은 사람들이 궁금하게 여겨
"그 사람을 평범하게 대할 수 있는 비결이 무엇입니까?"
하고 묻자 이렇게 대답하였습니다.
"향기와 악취는 마음으로 싫어하고 좋아하는 것이다.
내 어찌 마음을 둘로 나누겠는가?
여기에 의지할 뿐이다."

치문숭행록緇門崇行錄 中에서

마음에 두지 말라

만행을 하는 스님이 날이 저물어 작은 암자에 들었다.
다음날 스님이 길을 떠나려 할 때 암자의 노승이 물었다.
"스님은 세상이 무엇이라고 생각하는가?"
"세상은 오직 마음뿐이라고 생각합니다."
그러자 노승은 뜰 앞의 바위를 가리키면서 말하였다.
"이 바위는 마음 안에 있느냐? 마음 밖에 있느냐?"
"마음 속에 있습니다."
스님이 대답하자 노승은 웃으면서 말하였다.
"먼 길을 떠나는 사람이 왜 무거운 바위를 담아가려고 하는가?"

문윤정 | 수필가

부처와 중생

서운 스님은 주먹을 쥐었다가
손바닥을 펴면서 말했습니다.
"부처 되는 일은 이와 같이 쉬운 것이라네.
다만 번뇌를 버리지 못하면 부처도 중생이고,
무명을 버린다면 중생, 그대로가 바로 부처인게지."

「선문에 뜨는 달은 말을 하더라」 중에서

분침分針 과 시침時針

분침이 시침에게 말했습니다.
"에이그, 게으른 녀석.
어떻게 한 시간에 한 발밖에 못 가니?
난 한 시간에 한 바퀴씩 돈다."
이번에 시침이 말했습니다.
"쯧쯧, 무능한 녀석.
어떻게 한 바퀴를 다 돌아야 겨우 한 시간의 일을 하니?
난 한 걸음에 한 시간씩이다."

모든 것을 자기 기준에 맞추다보면
남의 것은 모두 단점으로 보일 수도 있습니다.

정진권 | 수필가 · 한국체대 명예교수

만족할 줄 아는 사람

만족할 줄 아는 사람은
땅바닥에 누워 자도 오히려 편안하고
만족을 모르는 사람은
천당에 살아도 역시 마음이 흡족하지 못합니다.
그래서 만족할 줄 모르는 사람은
비록 부자라도 기실 가난한 것입니다.

불유교경佛遺敎經 중에서

날마다 좋은 날

봄에는 꽃 피고 가을에는 달 밝고
여름에는 바람 불고 겨울에는 눈 내리니
쓸데없는 생각만 마음에 두지 않으면
언제나 한결같이 좋은 시절일세.

무문선사

할머니의 눈물

장거사의 딸 설이는 일찍이 마조스님께 가르침을 받았습니다.
그 후 가정을 이루어 다복한 노파가 되었건만
갑자기 사랑하는 손녀딸을 잃고 말았습니다.
할머니가 애통해 하며 목 놓아 우는 것을
옆에서 지켜보던 사람들이 수군대기 시작했습니다.
"도道를 통했다는 사람도 별 수 없군.
우리와 다를 게 하나도 없잖아."
할머니는 속으로 이런 생각을 했습니다.
'슬플 때 우는 것은 자연스런 일인데…
무엇이 달라져야 한단 말인가.
일부러 구분 짓지 마시게.
분별심이 다 망상妄想이라네.'

맹난자 | 수필가

정중히 맞이하는 까닭

옛날 한 노승이 기거하는 곳으로 그 나라의 왕이 찾아왔습니다.
노승은 자리에 앉아서 왕을 맞아
많은 설법으로 왕을 감복 시켰습니다.
다음 날 왕이 돌아가려 할 때도
노승은 자리에서 일어나지 않았습니다.
왕의 경호대장이 격분하였습니다.
"내 돌아가 주군에게 오만한 저 중의 버릇을 고쳐 놓고 말리라!"
경호대장이 도착하자, 노승은 문 앞까지 나가
정중히 영접하였습니다.
경호대장이 물었습니다.
"어제는 한 나라의 왕이 와도 일어나지 않더니,
오늘은 왜 저를 일어나서 맞아주십니까?"
"그대가 대왕만 같다면
노승도 일어나 맞이하지는 않았을 것이오."

조주록 趙州錄 중에서

그림자놀이

어떤 사람의 정원에 크고 넓은 바위가 있었습니다.
그는 바위 위에 드러누워 하늘의 구름을 쳐다보거나,
친구들과 술판을 벌이기도 했습니다.
하루는 지나가던 석공이 바위에 불상을 새길 것을 권하기에
그는 그렇게 하기로 마음먹었습니다.
그 후 무심코 바위에 드러누웠다가 자신의 행동이
어쩐지 불경스럽게 생각되어 몸을 벌떡 일으켰습니다.
그리고 두렵기까지 하였습니다.
바위는 고귀함도 속됨도 없이 옛날 그대로인데,
그 사람 마음이 그렇게 만들어 버린 것입니다.

두려움과 불안은 마음의 그림자일 뿐인데,
우리는 지금 그림자놀이에 열중하고 있는지도 모릅니다.

문윤정 | 수필가

4

안으로 깊어지는 것들

네 명의 아내

아내를 네 명이나 둔 사람이 죽을 때가 되어 아내들에게 물었다.
"내가 죽으면 어떻게 하겠는가?
이제껏 나를 위해 주었으니 이제 내 뒤를 따르겠소?"
그러나 남편에게 음식과 의복 수발을 들었던
첫째 아내는 냉담하게 거절했다.
서로 만나면 늘 기뻐하며 헤어지기를 극도로 싫어했던
둘째 아내 역시 그러했고,
가끔 만나 지난 일을 회상하며 즐겁게 지냈던
셋째 아내도 거절했다.
그러나 그간 별로 돌보지 않았던 넷째 아내가,
"이미 한 평생을 같이 했는데 무엇을 못 하겠습니까?"
하고 따라 나섰다.
부처님께서는 이 비유에 대해 이렇게 말씀하셨다.
"첫째 아내는 사람의 육체요,
둘째는 재산이며,
셋째는 친지이고,
넷째는 사람의 마음이다."
우리가 마지막에 가지고 갈 수 있는 건
오직 하나, 닦은 마음뿐이다.

아함경에서

못된 성질

한 청년이 고승을 찾아와 말했습니다.
"저는 툭하면 성질을 잘 부립니다.
그래서 친구도 없습니다. 어떻게 하면 고치겠습니까?"
"그래? 어떤 성질인지 알아야 처방이 나오니,
우선 한번 보여 다오."
"스님, 그 성질이 언제 나타날지 저도 잘 모릅니다.
나타나더라도 어떻게 보여드립니까?"
"그렇다면 그 못된 성질은 자네 것이 아니네.
언제라도 보여 줄 수 있어야 자네 것이지.
자네가 날 때부터 갖고 있던 것이 아니라
밖에서 들어온 것이 분명해.
지금은 그 성질이 자네한테서 멀리 떠난 모양이니
다시는 안으로 못 들어오게 잘 단속하게."

김원각 | 시인

깨어 있는 시간

잠자는 시간을 줄이라.
우리에게 주어진 시간은 그렇게 많지 않다.
시간의 잔고는 아무도 모른다.
'쇠털 같이 많은 날' 어쩌고 하는 것은
귀중한 시간에 대한 모독이요, 망언이다.
시간은 오는 것이 아니라 가는 것,
한 번 지나가면 다시 되돌릴 수 없다.
잠자는 시간은 휴식이요, 망각이지만
그 한도를 넘으면 죽어 있는 시간이다.
깨어 있는 시간을 많이 갖는 것은
그의 인생이 그만큼 많은 삶을 누릴 수 있다.
자다가 깨면 다시 잠들려고 하지 말라.
깨어 있는 그 상태를 즐기라.
보다 값있는 시간을 활용하라.

법정法頂 스님 | 길상사 회주

안으로 깊어지는 것들

골짜기의 물은 몸 낮추어 아래로 흐르면서
강물과 하나 되어 바다로 흘러들고
안으로 더욱 깊어져 소리 없이 흐릅니다.

잎새들을 미련 없이 떠나보내는 겨울나무들은
새순을 틔우기 위해 낙엽을 발아래 묵혀 두고
안으로 단단한 속살을 채워갑니다.

멀고 험한 길을 달려 온 사람은
아픈 고난의 시간 위에 스스로 뿌리를 내려
안으로 겸허함이 깃든 나무 한그루 키워 갑니다.

문윤정 | 수필가

변치 않은 도道

맷돌을 돌리면 깎이는 것이 보이지는 않지만
어느 땐가 다하고,
나무를 심고 기르면 자라는 것이 눈에 띄지는 않아도
어느새 크게 자란다.
덕을 쌓고 거듭 실천하면 당장은 훌륭한 점을 모르나
언젠가는 드러나고,
의리를 버리면 그 악한 것을 당장은 모른다 해도
언젠가는 망한다.

사람들이 충분히 생각하고 이를 실천하면
큰 그릇을 이루어 명예로운 이름을 남길 것이다.
이것이 고금古今에 변치 않는 도道이다.

영원 유청靈源 惟淸 스님 | ? ~ 1117

머리에 붙은 불을 끄듯

옛날, 한고조寒苦鳥라는 새가 있었습니다.
이 새는 둥지가 없어 밤이면 언제나 추위에 떨며
"날이 새면 꼭 집을 지으리라"고 다짐합니다.
그러나 날이 밝아 따뜻해지면 생각이 곧 바뀌어
"이렇게 따뜻한데 애써 집을 지을 필요가 있겠는가?"
하면서 빈둥빈둥 먹고 놀기만 합니다.
밤이 되면 또 후회하는 것은 물론입니다.

오늘 당장 해야 할 일을 추우면 춥다고, 더우면 덥다고,
아직 이르다고, 너무 늦었다고 갖은 핑계를 대며 다음으로 미루면서
게으름을 피우는 우리와 한고조는 닮은꼴이 아닐는지요.
'머리에 붙은 불을 끄듯' 몸과 마음이 게으르지 않도록
자신을 다잡아 가야 할 일입니다.

박경준 | 동국대 교수

이익利益과 도道

이익을 구하는 자는 도와 함께하지 못하고,
도를 구하는 자는 이익과 함께하지 못한다.
만약 이익과 도가 함께 이루어지는 것이라면
상인, 사업가, 또는 임금이나 관리로도
도를 이룰 수 있었을 텐데,
굳이 옛 성인들이 부귀富貴와 공명功名을 버리고
심산유곡에 들어가 번뇌를 끊고서 시냇물을 마시고
나무열매를 먹으며 일생을 마쳤겠는가.
이익과 도는 상반된 것이 아니라고 우기는 것은,
깨진 호리병의 물로 뜨거운 가마솥을
식히려는 것과 같은 것이다.

황룡사심黃龍死心 스님 | 여한자창서與韓子蒼書 中에서

가르침

다른 사람을 가르치듯
자기 자신이 행할 수 있다면
그는 진정으로
다른 사람을 가르칠 수 있다.
가장 가르치기 어려운 것은
다른 사람이 아니라
바로 자기 자신이다.

법구경法句經 중에서

모자라는 것은 소리를 내지만

얕은 개울물은 소리 내어 흐르고
깊은 강물은 소리 없이 흐른다.
모자라는 것은 소리를 내지만
가득 찬 것은 아주 조용하다.
어리석은 자는 물이 반쯤 찬 항아리 같고
지혜로운 자는 물이 가득 찬 연못과 같다.

숫타니파타 중에서

국자는 국 맛을 모른다

어리석은 자가 지혜로운 이와 사귐에
마치 국자가 국 맛을 모르듯이
아무리 오래 가까이 하여도
그 법을 알지 못한다.

현명한 자가 지혜로운 이와 사귐에
마치 혀가 음식 맛을 아는 것 같아서
비록 잠깐 동안 친하더라도
참다운 도의 뜻을 아네.

법구비유경法句比喩經 중에서

바쁘게 할 일

어떤 수행자가 세속의 친구를 찾아와 말했습니다.
"여보게, 자네도 이젠 마음을 내어 수행하는 것이 어떻겠는가?
영혼도 가꾸면서 살아야지."
"그렇지 않아도 그렇게 할 셈이네.
중요한 일 세 가지만 끝내놓고 말일세."
"그래, 그 세 가지 일이라는 게 무엇인가?"
"첫째는 빨리 돈을 벌어서 부자가 되는 것이고,
둘째는 자식들 좋은데 혼인 시키는 것이고,
셋째는 자식들이 출세하는 것을 보는 것이라네."
그러나 그 친구는 세 가지를 이루기도 전에 생을 마치고 말았습니다.

매일 바쁘게만 살아가는 우리들, 정작 할 일을 하지 못한 채
환상만을 쫓다가 인생을 마감하는 것은 아닐까요?

도수 스님

왜 선정에 드시나요

프랑스에서 서양철학을 공부하고 돌아온 교수가
선사의 법문에 감화를 받아 참선 공부를 하기 시작했습니다.
어느 도반이 그에게 물었습니다.
"참선에 대한 선생의 의견을 듣고 싶소."
"좌복에 앉아 긴 시간을 보내는 것이
그 동안 학문에 몰두했던 시간에 비해
무척 손해보고 있다는 느낌이오."

몇 달이 지난 어느 날 도반은 그에게 다시 물었습니다.
"참선에 대한 생각은 지금도 여전하십니까?"
"아닙니다. 지금은 선정에 드는 시간이 독서하는 시간보다
훨씬 소중하다고 생각됩니다."
"왜 그렇게 달라지셨습니까?"
"선에 들면 진정한 자유로움 속에서
행복을 만끽할 수 있게 되니까요.
끈질기게 나를 괴롭혀 온 번뇌망상들로부터
조금씩은 자유로워 질 수 있습니다.
그러면서 내 본래의 자성自性 자리를 향해 다가가게 되니까요."

김용복 | 수필가

일연一然 스님의 말씀

세상에 제일 고약한 도둑은
바로 자기 몸 안에 있는 여섯 가지 도둑일세.
눈 도둑은 보이는 것마다 가지려고 성화를 하지.
귀 도둑은 그저 듣기 좋은 소리만 들으려 하네.
콧구멍 도둑은 좋은 냄새는 제가 맡으려 하고
혓바닥 도둑은 온갖 거짓말에다 맛난 것만 먹으려 하지.
제일 큰 도둑은 훔치고, 못된 짓 골라 하는 몸뚱이 도둑.
마지막 도둑은 생각 도둑.
이 놈은 싫다, 저 놈은 없애야 한다,
혼자 화내고 떠들며 난리를 치지.
그대들 복 받기를 바라거든
우선 이 여섯 가지 도둑부터 잡으시게나.

고승열전 중에서

회초리를 기억하시나요?

옛날에 한 선비가 있었다.
피나는 노력 끝에 장원급제하여 금의환향하는 길이었다.
며칠 후 고향 마을이 보이는 고갯마루에 이르자
갑자기 말에서 내려서더니 숲으로 들어가는 것이었다.
의아하게 생각하는 사람들이 그의 뒤를 따라갔다.
그런데 소피를 보는 줄 알았던 그 선비가 싸리나무에 대고
큰절을 올리는 것이 아닌가.
사람들이 그 까닭을 물었다. 그랬더니 그가 하는 말이,
"이 싸리나무 회초리가 아니었으면
어찌 오늘의 영광이 있었겠는가?" 하는 것이었다.
가끔 우리는 학생 시절 선생님의 따끔한 회초리의 고마움을
잊을 때가 있다.

손광성 | 수필가

나는 다만 길을 가리켜 줄 뿐이다

바라문 출신의 수학자 목건련이 부처님에게 물었다.
"그 많은 부처님의 제자 중에 깨달음을 이룬 사람도 있고
방황하는 이도 있고, 경제적으로 성공한 사람도 있고
가난에서 벗어나지 못한 사람도 있습니다.
똑같이 가르침을 베풀었는데도 왜 그러합니까?"
부처님은 조용히 답변했다.
"나는 다만 길을 가리켜 줄 뿐이다.
그 길을 가고 아니 가는 것은 그들에게 달려 있다."

김원각 | 시인

내부의 적을 제거하라

외부의 적은 영원하지 않다.
적에게 존경심을 보여주면
금세 친구가 된다.
하지만 내면의 적은 영원하다.
내면의 적과는 타협할 수가 없다.
이 적은 마음속에
둥지를 틀고 산다.
때문에 이 모든 나쁜 생각들과
당당히 맞서서
그것들을 제어해야 한다.

달라이 라마의 〈마음을 비우면 세상이 보인다〉에서

5 강을 건너는 그대에게

사람의 마음

어느 날 마당에서 토끼에게 풀을 먹이던 아이가 물었습니다.
"엄마, 토끼는 어디를 잡아야 꼼짝 못하지요?"
어머니가 대답했습니다.
"그야 귀를 잡으면 되지."
그때 고양이 한 마리가 담장 위를 지나갔습니다. 아이가 물었습니다.
"엄마, 그러면 고양이는 어디를 잡아야지요?"
"목덜미를 잡으면 되지."
이번에는 어머니가 물었습니다.
"그러면 사람은 어디를 잡아야겠니?"
"목덜미를요. 아니, 팔을요. 아니어요… 모르겠어요."
하지만 어머니는 답을 말하지 않았습니다.
이제 아이는 자라서 엄마 나이만한 어른이 되었습니다.
그러던 어느 날 문득 깨달았습니다.
사람은 목덜미를 잡을 수도, 팔을 잡을 수도 없고
오직 마음을 잡아야만 된다는 것을.
그리고 어머니가 왜 가르쳐주지 않았는지도 깨달았습니다.

손광성 | 수필가

강을 건너는 그대에게

강물이 앞에 놓여있습니다.
토끼는 물위를 그냥 헤엄쳐 갑니다.
말은 강바닥에 발이 닿는 둥 마는 둥 건넙니다.
코끼리는 바닥에 발을 확실하게 디디면서 徹底 건너갑니다.

갑자기 물살이 세차집니다.
토끼는 금방 떠내려가고
말은 허둥대다가 힘이 빠졌습니다.
코끼리만 무사하게 강을 건넜습니다.

당신은 지금 인생의 강을 어떻게 건너고 계십니까?

박경준 | 동국대 교수

배경

절름발이의 생명은 지팡이에 있으니
지팡이를 잃으면 넘어지고,
물을 건너는 사람의 운명은 배에 있으므로
배를 잃으면 익사한다.
스스로 자신의 힘을 기르지 않고
외부의 세력이나 배경만을 의지하려고 하는 사람은
그가 기대고 있던 배경을 잃으면
하루아침에 모두가 넘어지고 빠져죽는 난리를 면치 못한다.

여산야록 중에서

일을 하는 법

일을 하는데 있어
차라리 여유 있게 하느라
범하는 실수는 있을지언정
다급한 데서 실수해서는 안되며,
간략한 데서 실수할지언정
자세한 데서 실수해서는 안 된다.
다급하면 고칠 수 없고,
자세하면 용납할 곳이 없기 때문이다.
중도中道를 지키면서
여유 있게 일을 대하여야
일을 하는 법도에 맞는다 하겠다.

영원 유청靈源惟淸 스님 | ? ~ 1117

통桶자 인생

통 속 같은 아파트에서 자고
통 속 같은 엘리베이터를 통해
통 속 같은 지하철을 타고
통 속 같은 사무실에서 하루를 보내다가
마침내 통 속 같은 관棺 속에 들어가
인생을 마감하는 것이
현대인의 삶의 궤적입니다.
통 속 같은 세상에서 살다 보니
어느새 생각조차 통조림이 된 듯합니다.

이제 관념의 뚜껑을 열고 푸른 하늘을 바라봅시다.
우주에는 칸막이가 없고,
구름의 길에는 가드레일이 없습니다.

장용철 | 시인

그대에게

일을 도모하되
쉽게 이루어지기를 바라지 마라.
일이 쉽게 이루어지면
마음이 경솔하게 되나니.

남이 내 뜻대로 순종해주기를 바라지 마라.
남이 내 뜻대로 순종해주면
마음이 스스로 교만해 지나니.

보왕삼매론寶王三昧論 중에서

다 힘든 일

옛날, 파도에 놀란 어느 뱃사공이 배를 팔아 말을 샀습니다.
그런데 말을 몰아보니 굽이굽이 가파른 비탈길이
파도보다 더 힘들었습니다.
그래서 생각했습니다.
"이후론 밭갈이나 하리라."
조선 인조 때의 문신 장만張晩의 시조時調가 전하는 이야기입니다.
배를 팔아 말을 산 우리의 주인공은
농부도 사공이나 마부처럼 힘들다는 것을
미처 알지 못했던 모양입니다.

정진권 | 수필가 · 한국체육대학 명예교수

누가 그 음식을 먹겠느냐?

매사에 불만을 터뜨리며 남을 비방만 하는
사람이 있었습니다.
마을 사람들은 그를 보면 슬슬 피해 다녔습니다.
이런 소문을 들은 스승이 어느 날 그를 불러,
이렇게 물었습니다.
"네가 맛있는 음식을 장만해 놓고 손님을 초대했다.
그런데 초대된 손님이 음식을 먹지 않고 그대로 돌아간다면
그 음식을 어떻게 하겠느냐?"
"그야 당연히 저와 집안 식구들이 다 먹어야지요."
"그래, 그것과 마찬가지다.
네가 아무리 남을 헐뜯고 비방해도
상대방이 그것을 먹지 않는다면
너와 네 가족이 고스란히 먹게 되느니라."

김영희 | 시인

악담은 되돌아온다

부처님 당시 길에서 부처님을 만나면 악담을 하며
흙을 집어 던지는 이교도들이 있었습니다.
어느 날 이교도 중 한 사람이 부처님께 욕을 하며
흙을 집어던지자 그것이 바람에 날려
이교도의 눈과 얼굴을 덮쳐 고개를 들지 못하게 되었습니다.
"내 편이 아니라 해서, 또는 나의 의견과 다르다 해서
상대방에게 악담을 퍼부어서는 안 되오.
내가 당신에게 앙심을 품지 않고,
당신의 악담을 받아들이지 않으면
그 허물은 고스란히 당신에게 돌아가오.
마치 당신이 던진 흙이 당신의 얼굴을 더럽히듯이…"

김원각 | 시인

열심히 하다 보면

목장 주인이 되기를 꿈꾸는 청년이 소를 한 마리 사 왔습니다.
그때 외양간 앞을 지나가는 노인에게 청년이 물었습니다.
"앞으로 소가 수십, 수백 마리로 늘어나면 이 좁은 외양간으론
어림도 없을 텐데, 그때는 어떻게 해야 하나요?"
"여보게, 강을 건너려면 무엇이 필요한가?"
"배가 필요하지요."
"자네는 지금 배도 없는데 어찌 강을 건너려고 하는가?
할 일을 먼저 하게. 자네가 그 일을 열심히 하다 보면
지금 물음에 대한 답은 자연히 얻어질 것이네."

박민호 | 아동문학가

자기를 비춰보라

부처님이 제자와 함께 산책을 하다가 연못 쪽을 가리키며
제자에게 물었습니다.
"물이 말라 고기도 없는 연못가에 쓸쓸히 서 있는
저 늙은 왜가리가 보이느냐?"
"예, 보입니다. 힘이 없어 날지를 못하는 것 같습니다."
"사람도 마찬가지니라.
젊음이 잠깐인 줄 모르고 배우지 않고,
일할 나이인데도 마음에 맞지 않는다고 일하지 않고,
스스로 재물을 모을 기회를 잃어 버린 채 늙어버린다면
저 늙은 왜가리가 고기 없는 빈 연못을 바라보며
쓸쓸히 서 있는 것과 같이 되느니라."
그리고 말을 이었습니다.
"누구든 늙어가지 않는 사람이 없다.
그러니 늙어가는 다른 사람의 모습에서
자기를 비춰볼 줄 알아야 하느니라."

김원각 | 시인

공평

뿔이 있는 소는 날카로운 이빨이 없다.
날카로운 이빨을 지닌 범은 뿔이 없다.
날개 달린 새는 다리가 두 개 뿐이다.
예쁜 꽃치고 열매가 변변한 것이 없다.
열매가 귀한 것은 대개는 꽃이 시원찮다.

좋은 것만 골라서 한 몸에 다 지니는 이치는
어디에도 없습니다.
뛰어난 재주와 부귀영화는
함께하지 않는 경우가 더 많습니다.
한꺼번에 누리려 하지 마십시오.
지금 가졌던 것까지
잃을 수도 있습니다.
다 가지려 들지 마십시오.
손에 든 것을 놓아야
새것을 쥘 수 있는 법입니다.

정 민 | 한양대 교수

맑은 날만 계속된다면

호두나무 과수원 주인이 어느 날 천신께 빌었습니다.
"일 년 동안 궂은 날 없이 좋은 날만 내려 주십시오."
그의 소원대로 일 년 내내 청명한 날만 계속 되었고,
대풍년이 들어 과수원 주인은 감격했습니다.
그러나 호두 안에는 알맹이가 들어 있지 않았습니다.
그가 천신에게 항의하자,
천신은 대답하였습니다.
"도전이 없는 것에는 알맹이가 들지 않는 법이라네.
알맹이란 폭풍우 같은 시련과 목이 타는 가뭄과
고통이 있어야만 여무는 것이라네."

맹난자 | 수필가

나를 지키는 것이 곧 남을 지키는 것

스승의 어깨 위에 긴 대나무 막대가 세워지면,
두 제자가 그 꼭대기에 올라가 묘기를 부립니다.
수없이 반복하는 묘기이지만 오늘따라 두 제자는
두려움이 앞섰습니다.
"스승님. 저희들이 떨어져 죽거나 다치는 일은
스승님의 어깨에 달렸습니다. 실수 없이 잘 보호해주십시오."
그러자 스승이 말했습니다.
"나도 너희들을 보호해야겠지만, 내 평생 쌓아온
이 묘기의 인생을 한 순간에 무너뜨리는 것은
너희들 손에 달려 있다.
너희들도 나를 잘 보호해야 한다.
각자가 실수 없이 스스로를 보호할 수 있다면
이는 곧 남을 보호하는 것이 아니겠느냐?"

이용범 | 소설가

풍경소리 ❷

개정 1쇄 발행 | 2009년 7월 15일
개정 4쇄 발행 | 2022년 1월 25일

글 | 풍경소리
전각 | 고암 정병례
펴낸이 | 이용성

편집주간 | 홍사성
디자인 | 김효중

펴낸곳 | 풍경소리
등록일 | 2006년 8월 30일
등록번호 | 제 307-2006-41호
주소 | 서울시 성북구 동소문로 34길 24 109동 904호
전화 | 02-736-5583
팩스 | 0505-928-5586
홈페이지 | www.pgsori.modoo.at
E-mail | pgsorinet@naver.com

ⓒ풍경소리 · 정병례, 2009
- 저자의 허락 없이 내용의 일부를 인용하거나 발췌하는 것을 금합니다.
- 잘못된 책은 본사나 구입하신 서점에서 바꾸어 드립니다.
- 가격은 뒤표지에 있습니다.

ISBN 978-89-959817-1-9 03200